INHALT

I) MORGENRÖTE UND ABENDDÄMMERUNG

Aus der Jugendzeit:

Gefangen im Nihilismus, im Angesicht des Suizids.

II) UNZEITGEMÄSSE BETRACHTUNGEN

Meine Zeit als Beamtenanwärter

bei der Bundesknappschaft:

Wandlung zum humanistischen Sozialisten

und Politischen Dichter.

III) E R O S
Liebe, Liebe, lass mich los!
Meine Erfahrungen im Eros und im Sexus.

IV) GEIST UND SOPHIA

Das Betreten eines Pfades zum GEIST
und meine Anima, DIE SOPHIA.

I) ABENDRÖTE UND MORGENDÄMMERUNG

Hoffnung – für Menschen?

Rauschen

Wehen Wispern

Bei fröstelndem Sturme

In unserem sinkenden Grab

Wo bei der heillosen Stille

Aufkrümmt bleiche Erde

Zu verdecken

Schanden

Schritte

Kommen heran

Im stetigen Tritte

Und in endender Wiederkehr

Doch sind gegangen Gewesen

Leise verflachten sie

Zu stummeren

Schweigen

Lebenslauf

Die eherne Egge der Notwendigkeit
Hat mir ihr Urteil auf dem Leib geritzt:
„Du sollst entbehren!"

Ich blieb nicht derselbe
Ich wandelte mich
Durch der Liebe Hoffnung

Nicht zu verderben
Zu leben bin ich da
Der Fügung biete ich die Stirn

Narrensprung

Die Schellenkappe der Torheit haben Sie mir aufgesetzt
Damit kann ich rasseln oder klingeln
Wenn Freund Hein droht.

Doch Freund Hein
Scheint mir der Bruder Lustig zu sein
● Vertraut bin ich mit dem Tod.

Die Brust entzündet Andachtskerzen
Dir selbst zum finalen Fanal.
Tohowaboho, Chaos, Nichts –
○ Oder ein Licht vorbeigesendet?!

Worte

Gefesselt an Worte

Seziert vom Grammatikskalpell

Gebunden mit den Stricken der Sprache

Gehe ich zum Galgen

Der öffentlichen Meinung

Um mich auszuliefern

Den wohlfeilen Henkern

Der Parteiungen.

Bleib nur standhaft, mein Herz!

Bevor mich das System verschlingt

Sing ich den Hymnos

Vom aufrechten Gang des

Eros!

Tönende Finsternis

verdorrt, verheizt, versiegt, verbeizt
Das ist der Wunden Kron'
verloren, verbrannt, versengt, verflammt
Durch Menschen purer Hohn

geschlafen, gehetzt, gerädert, gefetzt
Im Leib pulst Dunkelheit
gelacht, gehörnt, genarrt, gespörnt
der Erde Listigkeit

verfemt, verwaist, verlassen, verreist
dies Haus hat keinen Hüter
verkauft, versackt, verschachert, verpackt
der Liebe reinste Güter

gespeist, getränkt, gelobt, geschenkt
ein Hoffen bar der Tat
geruht, gerieben, geschlafen, getrieben
ein Geist bleibt ohne Rat

Lebenslauf

Der mensch lebt

        sie werden geboren

        ich werde erzogen

                        sie lernt

      es wird eingegliedert

                        ich arbeite

                        du schläfst

                        er pflanzt sich fort

      wir werden ausgestoßen

                um   zu sterben

Worte II

Gefesselt an Worte
Seziert vom Grammatikskalpell
Gebunden in den Stricken der Sprache
Gehe ich zum Galgen
Der öffentlichen Meinung
Um mich auszuliefern
Den wohlfeilen Henkern
Der Parteiungen.

Bleib nur standhaft, mein Herz!
Bevor mich das System verschlingt
Singe ich den Hymnos
Vom aufrechten Gang des
Eros!

Ausgesetzt

Tage
Gehängt an das Zifferblatt einer Uhr
Unbedeutend im Meer des Vergessens

Monate
Die vergehn im Sonnenwind als Sand
Gleich Tropfen im rissigen Rinnsal

Jahre
Menschlichen Versagens zählen nicht
Im Gedächtnis der Ewigkeit

Leben
Gehorcht den fremden Zwängen
Bedrängt von Geistern der Zeit

Erfolg
Kann nie dir beschieden sein
Wie Wasserwellen verflüchtigt er

Alter
Verwesend ohne Sinn im Ziel
Warst schon immer Todgeburt

Materie im Prozess

Gefangen

                 Allein

                              Nichts

Persönlichkeit garantiert

Du weißt, das du lebst.

Du bist sicher

Du existierst!

In deinem Personalausweis

Steht in gedruckten Lettern

Staatsangehörigkeit:

Deutsch.

Du schaust aus dem Fenster

Mit wehmütigem Blick

Auf die langgezogene Strasse,

Wo die Passanten

Wie verwundete Punkte

Entlangflanieren.

Die Punkte

Sammeln sich

Vor deinen Augen

Bilden Schemen

Pixel-Menschlein

Nirgendwoschatten.

Und in der weißen Gehirnmasse

Liegend im Liquor

Feuern die Synapsen

Eine Frage

Doch nie

Nie

Wagen deine Lippen

Sie auszusprechen.

Am Pfahl

Gebunden

Mit stählernen Fesseln

Die ich mir selbst geschmiedet

Stehe ich

Am Laternenpfahl

Vorm Kaufhaus

Auf dem Markt

Wo die Menge

Vorbeihastet

Im Kaufrausch

Noch ein Schnäppchen

Sonderaktion.

Nun

Schlägt der Zeiger

Für mich!

Meine Haut schrumpelt

Meine Glieder zucken

Der Leib fällt zusammen

Bis zur Größe

Eines Neugeborenen

Da steh ich Narr.

Kann den keiner

Mit seinem Herzen

Zumorsen

Eine frohe Botschaft
Des guten Willens?

Die blinde Schar
Ergreift Panik
Sie stößt sich
Jeder kämpft um
Den besten Platz
Zum Gaffen
Die Schwächsten
Geworfen gegen
Die Schaufensterscheiben
Sind schon voll Wunden
Aus denen
Rotes Blut höhnisch
Spritzt
Gegen das Glas.

Bevor sich das Pflaster
Färbt
In Scharlach
Öffnet sich ein Schlund
Und gibt den Abgrund frei
Wo ich versinke
In die Hut des
Uroboros.

DU

Nicht auf der Zunge
    Es liegt
In meiner Hand

Entschluss

Bitter Mandel am Morgen
Auf der Zungenspitze
Dem Gaumen zu herb
Süß schmeckt sie vorn
-    Dort lass ich sie liegen
Ohne Bitterkeit.

Klage, angesichts des menschlichen Geschicks

Wie sollen wir schlafen,

Wenn unsere Betten brennen?

Wenn in den Höhlungen des Alptraums

Wir ins Chaos fallen.

Wie sollen wir leben,

Wenn wir leben im menschlichen Elende?

Wenn der Mensch ist aus krummen Holze,

Wir alle fehlbar sind.

Warum sollen wir bestehen,

Wenn Fluten uns bestürmen?

Wenn uns die Zeit entflieht,

Wir nur losen Schatten haschen.

Warum schreckt uns der Tod,

Wenn er doch Ruhe ist?

Wenn niemand betrachtet die Ewigkeit,

Wir ziellos treiben in der Zeit!

Abstieg zum erlösenden Strom

Verfallen, verfallen,
Wie morsches Blätterwerk
Reisig bedeckt die Seele
Zu wenig für die letzte Glut.

Fern steht der Stern
Gaukelt
Mir bunte Bilder vor
Dennoch versinkt er;
-     Brich herauf Dunkelheit!

Weist auch der nahe Pfad
Mit seinen bangen Schatten
Ins Ungewisse, dass vertraut,
Kein Rufer wird es schrecken.

So stapfe ich den Weg
Durch Matsch und Moder
Hinab, zu nie erahnten
Zu trinken Lethes Gabe.

Dort, wo der Hass darniederliegt,
Der Mensch ein Mensch noch ist,
Weiht mich ersehnte Gnade:
Uferloses Vergessen.

Fruchtstand

Zu früh

Reifte die wilde Beere meiner Jugend

Und prangte Blau

Am eigenen Stamm

Faul wurde jene Beere

Herbst begann

Schritt rasch vorbei

Der Winter bald

Eiste die Frucht

Entriss sie mir

Zu spät

Durchfroren liegt der Stamm

Eiseskristalle rindherum

Die bitter schneiden

In das Mark

Tauscht ich dagegen ein.

Bald ruh ich flach

Im Schneegebraus

Zerstiebt das Klagen, friert das Stöhnen.

Worte III

Worte sind tote Schatten
Ich torkle
Schwanke durch den Raum
Und lalle

Unter der Zungenwurzel
Tobt heftiger Kampf
Es wütet ein anderer
Hoch im Hinterkopf

Rede ist leerer Rauch
Was übel riecht
Verschlingst du mit Behagen
Nennst es Geist

Bald klirrt das Eis
Es birst
Wenn eigenes Feuer
Mich verzehrt

NICHTS
Wird
Ist

ChaosimKosmos

Komm!

Komm, gib nur auf!
Schlaf weiter, komm,
Ring nie mehr
Nein, mache Halt!

Schon war der Weg zu lang
Zu schlaff das Seil lag da

Ulme beschattet Hang
Erde biete Trost
Zeit, steh doch still!
Dumpf kling aus Glockenton.

De Profundis

O Tat, o tiefe Tat!
Ich schrie und lallte,
Ausstoßend voll Wut die wacklichten Endungen.
Sie stolperten, sie wankten – und fielen!

So fiel auch ich,
In das namenlose Nichts,
In die Wellen des bodenlosen Flusses,
Der, gleich zahnlosen Mündern, sich auftat.

Der Fall ist tief,
Ist tiefer als der Tag gedacht,
Ist ewiges Verlöschen,
Doch keine Ruh!

Hinab, hinunter in den Orkus,
Geflochten auf das Rad des Ixion,
Gequält vom inneren Brand,
Der nie vergeht, der nie vergeht.

Hab weder Heim noch Herd,
Hab weder Frau noch Kind,
Geschmiedet an den Ketten,
Die ich mir selbst geschmniedet.

Fallend Fallend Fallend

■ In die tönende Finsternis!

II) UNZEITGEMÄßE BETRACHTUNGEN

In das Lesebuch der Oberstufe

Hiltibrand und Hadubrand,

Schwerter gleich im Schlachtgewand.

Ekkehard mit rechter Hand

Zauberspruch sucht unverwandt.

Muspilli und Heliand,

Rätsel sind kein eitel Tand.

Du bist min, ich bin din,

Des solt du gewis sin.

Doch: Media in vita

In morte sumus.

Nu dechent wib unde man,

War ir sulent werdan.

Licht in der Finsternis,

Ewig du bei mir bist.

Ave, vil lichter meeres sterne,

Maria, aller magede ein lucerne!

Roland und der Alexander,

Pfaffenspiegel durcheinander.

Kennt ihr auch die Zeit der Staufer?

Über muot, die alte,

Die ritet mit gewalte.

Untreue schwort ihr den Fahnen,

Barbarossa soll euch mahnen!

Wistu wie der Igel sprach?

„Vil gut ist eigen gemach."

Der fürsten herze und auch ir leben,

erkenn ich bi den ratgeben.

Der wise suchet wisen rat,

Der tore sich nach toren hat.

Wohl dem der den Falken kennt,

Den ein jeder Dichter nennt.

Hartmann, Wolfram und der Walther,

Junge, die sind absolut kein Alter!

Dazu lob ich Frauendienst,

Wenn du dazu dich erkühnst!

Merke Dir, was ein Dame,

„Frouwe" ist ein Kosename!

Doch junge Brüder haltet inne,

Lernt erst rechte und falsche Minne!

Die Minne ist ein alter Brauch,

Doch stetig werben musst du auch!

Meine Töchter, wisst ihr was?

Königin, das ist kein Spaß!

Womite soll ich ihn minnen?

Mit dem Herzen und mit den Sinnen.

Soll die Hochzeit stets gelingen,

Müsst ihr Eneits Loblied singen!

Doch ihr Ritter allgemach,

Geht behände zu der Sach!

Denk an Erek und an Iwein,

Der Arme Heinrich muss mit euch sein!

Parzival, das Hohe Lied,

Erwarb den Gral,

Er nie verschied.

Tapfer wie der Siegfried seid,

Euer Leben gottgeweiht.

Dann gibt es ein Wieder sehn,

Werdet ihr den Tod bestehn.

Lest nur fleißig bei den Alten,

Lobes vil und rechtes walten!

Platon und der Tyrann

Platon war in den besten Jahren

Und in Philosophie erfahren,

Als er nach Sizilien fuhr,

Doch vergeblich war die Tour:

Dionysios, der Tyrann,

Nur auf seinen Nutzen sann;

Dion, sein Neffe, wurde nach Griechenland verbannt,

Er dort gastliches Willkommen fand;

Platon musste sein Päckchen schnüren,

Weil der Herrscher hatt' Allüren;

Er macht' eine dritte Reise,

Doch war dieses nicht sehr weise;

Dionysios dacht' nur an sein Renomee,

Mit der Weisheit war's Passee;

Platon gründet so nie den Philosophenstaat,

Doch ich geb' ihm guten Rat:

Würde er seh'n, dass der Mensch ist ein kruder Wicht,

Wär er auf Tyrannen nicht erpicht!

Senecas Tod

Als Nero erfuhr, dass Seneca
Verschworen mit Piso war,
Ihn zu stürzen,
Befahl er bitter
Seneca den Tod.

Der öffnet sich die Adern
An Armen, Knien,
Unterschenkeln.
-    Doch Seneca kann weder sterben
Noch leben!
Er lässt den Schierling kommen,
Doch ist sein eigenen Körper kalt.

Er tritt in eine Wasserwanne:
Das Blut fließt schneller,
Der Arzt hält das Skalpell
-    Auf spritzt das Blut mit dünnem Strahl!

Senecas Haupt ist fahl,
Sein Antlitz zeigt
Zerquälter Züge.
Doch gleicht sein Leib
Dem Angelfreund:
Bepackt mit Muskeln,
Sehnig, Nervig,

Wenn auch gebeugt
Vor Schmerz.

Es wacht ein Soldat
Mit dem Speer,
Ein Offizier mit mitleidvollem Blick
Sieht in sein bärtiges Antlitz,
Wo der Todeskampf
Sich seinen Spiegel sucht
Rote Farbe
Mischt sich mit Wasser
-   Rohrschachmuster.

So zweideutig ist dieses Bild des Lebens:
Des Tyrannen Milde pries er,
Ein williger Höfling des Kaisers.
Auch hatte er genug
An Geld und Gut.
Doch nach dem Brande Roms
Bat er um Abschied.
Er geizte nie
Und tadelte die Reichen.

So flog die Seele Senecas
Mit größerer Tapferkeit
Und unerschrockenerem Mut
Zu den Göttern
Als der unsterbliche attische Sokrates.

Michael Jackson

Er war ein Superstar
Er war so populär
Er war so hoch auf der Leiter
Er war Top of the Pops
Er war millionenschwer
Er war der Liebling der Groupies
Er tanzte Walking on the Moon wie keiner

Doch geht das Gerücht umher:
In Nimmerland frönte er den Lüsten
Er lud sich junge Knaben ein
Er spielte nicht nur mit ihnen
Er spielte noch andere Spiele
Er soll sie berührt haben ohne Sitte

Er stand nun vor Gericht
Und der Ankläger rief:
„Er ist ein Knabenschänder!"
Die Geschworenen hatten's schwer
Doch nach der Beratung war klar:
Er ist ohne Schuld

Doch ist auch frei von jedem Schmutz
- Etwas bleibt immer hängen!

Terzine vom *Homo Oeconomicus*

Ich schiele gier nach jedem Cent,
Ich bin ein *Homo Oeconomicus,*
In der Welt der Dollars mich ein jeder kennt.

Es gibt bei mir nie Verdruss,
Weil ich stet clever bin,
Doch leider hat die Börse einen Pferdefuss.

Kaum bin ich drin
Klingelt man zur Baisse,
Und all mein Geld ist hin.

Dieses ist eine große Malaisse,
Weil ich gern Aktien besitz,
Doch kann ich jetzt mit ihnen putzen mein Gesäß.

Und kann nie mehr dinieren im Ritz,
Ein Shareholder, der hat es schwer:
Er will vergrößern den Besitz.

Das Nichtstun gibt nur einen Groschen her,
Wenn man das Kapital investiert,
Aufs Steigen gibt es nicht Gewähr.

Ihr Freunde, Fortuna alteriert,
Mal Arschkarte, mal Sonnenschein,

Und wenn man letzlich mal verliert:

Es gibt nicht Besseres als reich zu sein!

Die Nordsee

Die Silbermöwe schreit und schreit über der Meerestiefe:

Vorbei der weiße Glanz der Nordsee –

Nimmermehr können Seegespenst und Wassermann ruhig schlafen

Bedroht von der Schellenkappe der Torheit

Des bärtigen Meereshaies Mensch.

Poseidon stößt ins Tritonshorn und ruft Leviathan:

Über das weiße, wogende Wasser

Eilet die letzte Sturmmöwe.

Doch die Gischt ist Salzlauge und Schwefelsäure,

Ölig, breiiger Teppich bedroht den Katzenhai.

Sieben Mann auf des toten Ölfass Kiste – he, ho, he

Und ‚ne Buddel voll Terpentin.

Armer, lustiger Nereus

Versteck deine Okeaniden,

Denn nun dräut der schlimmste Tanz!

Vergebens die Klage der Trauerente;

Violettes Gewölk

Dämmerungsnebel steigen auf.

Ach, dass doch eine riesige Sturmflut käme

Mit blasenden Böen der Windsbraut:

Doch so seufzen und jammern

Die Töchter des Neptun

Weinend raufen sie ihre blonden Haare, lang und wallend,

Die voll sind von Unrat und Schmutz.

Das verwesende Robbenfleisch liegt stinkend am Sandstrand

Und Thetis tobt vor Wut:

Ach, ihr Menschlein

Blasser und bänger wird mir

Betrachte euren Tand und das Stückwerk.

Zwischendrein schreien die Weißwangengänse.

Kainnachten

Laute Nacht, Kreischende Nacht.

Alles läuft, alles kracht,

Beim versauten Weihnachtsmarkt.

Flitter und Flatter im Haar.

Schlaft ihr Untoten, schlaft!

Laute Nacht, wanzige Nacht,

Konsumenten erst kundgemacht

Durch der Bosse Halleluja

Tönt es laut von fern und nah:

Money, goldenes Kalb ist da!

Laute Nacht, Krämernacht,

Karstadt's Sohn, o wie er lacht,

Stinkend aus teuflischen Mund,

Wenn uns schlägt die letzte Stund:

Ach, Christ in deiner Geburt!

X-Mas

Gekreuzigte Weihnachten

Fest schrilles

Grelle Lichter

Menschen eiligst

Mit bepackten Taschen

Kaufhäuser zuhauf

Erwarten den Euro

Händler händereibend

Todsünde Habgier

Baal lacht

Es grinst Mammon

Boxing Day

Es bleibt ein

†

Sinniger Unsinn

Fleiß

Das Schwein sprach mal zum Huhn:
„Du könntest auch mehr tun!"
Drauf sprach das Huhn zum Schwein:
„Dann nimm dich selbst mit rein!"

Nachruf

Bei deinem Tode halten sie, wie gescheit,
‚Ne Rede auf deine Vergangenheit;
Doch kämst du heute angerannt,
Hätten sie dich nie gekannt.

Eitelkeit

So manchen glaubt, er wäre wer,
Und tut sich mit den Menschen schwer;
Würde er seh'n, was für ein Wicht er ist,
Ich glaub', er hätt' sich schnell verpisst.

Judaslohn

Ich bekenne
Ich habe meine Überzeugungen verraten
Und verkauft,
Für drei Mille.
Dafür
Muss ich bei der Arbeit
Lediglich
Schweigen oder nicken,
Wenn die anderen ihre Vorurteile,
Diese schnell gerahmten, farbstichigen Bilder
Oder
Ihre Äußerungen aus dem hohlen Bauch
Hervorholen.

Ich bin glücklich
Ein anerkannter Arbeitskollege
Ein voll-wertiger Mitarbeiter.

Oder
Haben nicht drei Mille mehr Wert
Als eigene Überzeugungen?

Statt einer Widmung

Antigone

Sei gegrüßt, Unsere Liebe Schwester!

Mitverschworene im Kampf gegen die Mächtigen.

Wenn der Regent uns befiehlt

Uns unlautere Tat

Wollen wir stark sein

Nimmer uns beugen dem falschen Geheiß,

Gehorchen den ewigen Gesetzen der Mutter Erde

Gegen die Launen der Willkür der Väter,

Die nackten Toten begraben,

Nicht nur der eigenen Gefallenen gedenken,

Sondern die fremden Feinde mitzulieben,

Weil sie unsere Brüder sind.

Salve!

Scheibenmatt

Schalt ein, Schalt um, Schalt aus –

Augen- und Ohrenschmaus.

Ziehst Krimis dir und Western rein

Es kann auch 'ne Soap Opera sein.

Du glotzt gebannt auf diesen Mist

Während er am Laufen ist.

Glaubst, sähest du die Tagesschau,

Kenntest du die Welt genau.

Dieser Krieg und jener Krieg

Bis zum Schokoladensieg.

Schwärmst für Gottschalk und Harald Schmidt,

Denn die sind so cool und fit.

Soll' die rechte Mucke sein

Schalt Tele 5 oder Super ein,

Dort ertönt im Überdruss

Rap und Hip-Hop bis zum Schluss.

Bist ein Gaffer, Video-Narr;

Bloß – Video kills the twinkling star!

Live and let die

Nobel, wirklich
Die Kneipe an der Ecke

        Draußen
        Ein alter Bettler

Vornehm, äußerst
Die Jugend an der Theke

        Drinnen
        Duldet es keine Armut

Chic, nein wie
Die Bedienung bringt den Drink

        Sahel-Zone
        Menschen verdursten

Gepflegt, schön
Die weiße Haut der „Damen"

        Weiße Haut
        Stigma des Leprakranken

Lässig-seriös
Der Small-talk der Besucher

        Auf der Straße
        Eine Frau wird vergewaltigt

Hits, Brandheiß
Aus der Stereobox

        Im Kriege
        Brennen die Häuser von Tausenden

Flimmern, Grelles
Video killt das Gefühl

Die Killer
Sitzen auf Managersessel

Nett, nein wie
Das ist ein braves Kind

Brave Bürger
Brauchen die Diktatoren aller Länder

Toll, chic
Du gehörst zur Schickeria

Im Irak
Tötet die Schickeria kleine Kinder

Easy, alles
Trink dein Pils mit Genuss

Zuviel Denken
Bringt Verdruss

Kinderreim

A, B, C: Als Kind lernt man wie's ist,
Dass das Gesetz des Stärkeren ist.
Wer groß ist, der hat mehr vom Leben,
Er erntet ganz vom Saft der Reben.

A, B, C: Wer ja sagt, ist okay,
Weh dem, der äußert nee.
Wer mittut, der ist gern gesehn,
Wer aufmuckt, der kann gleich geh'n.

A, B, C: Von klein auf wird man erzogen,
Auf das Gewaltigste verbogen.
Ein krummer Fant, der duckt sich gern,
Erkennt im Größeren den Herrn.

A, B, C: Dies ist ein bloßer Kinderrein:
Doch gilt er auch für das Erwachsensein.
Was sich als Häkchen krümmt beizeiten,
Kann später Unternehmen leiten!

ZDF

Zweites des Zeitgeschehens

Des Zeisigs Zwiddeldidu

Für zweiköpfige Zwitterwesen

Zaunkönig des Folkes

Geschrei und Reue

„Scheibenkleister", schrie der Affe:

„Schuss schräg in den Kopf!"

Den Jäger schaudert' ob des Geschreis.

„Schovler Schuss", sagt er.

Schovler!

Deutsche Sprache

Gibt es die noch?

Ein jeder redet, wie ihm der Schnabel gewachsen ist:

a) die Jugend:

„cool", „fetzig", „callen", "weben", "Alter", "Arsch", „Missgeburt"

b) die Politiker:

„Agenda 2010", „Fordern und Fördern", „Investivlohn", „sozialer Vorsorgestaat"

c) die Unternehmer:

„Freisetzen von Arbeitsplätzen", „Lohnzurückhaltung", „Unternehmerrisiko"

d) das Volk:

„Löcherfotze", „ ficken bumsen blasen", „saufen", „vor der Glotze hängen"

Die Sprach ist ein Verräter!

Die Jugend spricht Amerikanisch (sick!)

Die Politiker sprechen Sozial (sick!)

Die Unternehmer sprechen Ökonomisch (sick!)

Und das Volk kenn nur Sex, Supp, und Soap Operas (sick!)

Ach, Deutsche Sprache! (sick!?)

Den Neurophysiologen ins Stammbuch

Ist' s ein Geschlecht von Irren oder Tollen,
Die uns den Geist einzwängen wollen?
Sie sind so schlau, dozieren mit kluger Miene,
Der Mensch sei bloß eine Gehirnmaschine.

Beweisen. Die Transmitter durch die Synapsen diffundieren
Und stracks dis Neuronen stimulieren.
Gar durch die Gene, dass ist klar,
Ist der Mensch aller Freiheit bar.

Doch ich gehorch' nicht gerne der Notwenigkeit,
Für's Amor fati fehlt mir die Gelegenheit.
Ich weiß, dass Glaube, Hoffnung, Liebe,
Entreiße uns dem Kerker der Triebe.

Politisches Alltagsgeschwätz

Der Politiker, der tritt herein,

Und beweist uns es müßt' so sein:

Es gäbe leider nun mal Zwänge,

Die uns're Wirtschaft stracks regierten

Und er macht klar der bunten Menge,

Dass wir nur lebten von unternehmerischen Wirten.

Den Markt belebt nun mal die Konkurrenz,

Ein jeder ist erpicht auf viel Profit,

Und wenn er auch fährt 'nen dicken Mercedes Benz,

Er nur die Mehrwertmaximierung sieht.

Doch die Regierung macht uns klar,

Wer reich ist, dem wird noch gegeben,

Wer arm ist, der ist aller Hoffnung bar,

Er muss von der Stütze leben.

345 Euro sind genug,

Um sich ein Luxusleben zu erschaffen,

Leute, ich nenne das Betrug,

Derer, die eh schon genug Geld erraffen.

Wer kriege Hartz-IV,

Sei doch nur ein Sozialschmarotzer,

Er sehe fern und saufe Bier,

Und sei ein übler linker Motzer.

So sagt der kluge Westerwelle:

„Ihr Leute kämpft, bringt Leistung und seid still,

Ihr seid doch vollgefressen und besoffen, gelle,

Doch hoch dem der die Vogelfreiheit will!"

Drum lautet der Beschluss von Gelb, Grün, Schwarz und Scheinrot,

Wir sind doch so sozial und gerecht,

Ihr seid ja frei und frank bis zu dem Tod,

Was ist denn daran ach so schlecht?

Drum merkt: Wir sparen uns gesund,

Das hilft der Volkwirtschaft,

Sind alle fidel und kugelrund,

Stecken im vollen Saft.

Ja, du Mob, dir geht' s zu gut,

Schnall' nur den Gürtel enger,

Und du wirst seh'n wie gut das tut,

Denn du lebst besser und auch länger.

Und wenn der Redner vor der Wahl,

Auch uns verspricht goldene Berge,

Er denkt im Innern doch zumal:

„Ihr seid ja doch nur miese Zwerge!"

deutschlandlied

deutschland, du mein mutterland, unheilig herz der völker,

du begehrst wieder auf,

trommelst den harten Hartzmarsch

mit klingenden Possenspiel

erschallts aus kreidefressenden rednerkehlen

deutschland, soziales vaterland-

dtschland, dtschland über alles!

doch so seh ich,

steigt das kapital ins endlose,

eine hybrisschlange voller geifer,

verschlingt es euch alle,

zahnlose lämmer,

lasst auch von euren wölfen gern

die haut abziehen.

dieser wohlstand ist üppig,

doch weder rot noch grün,

er brilliert mit gelb und schwarz:

zieh mir die stiefel an

speichellecker, tortenarsch!

überall findet ihr kaufrausch

hetzkampagne, totentanz

Mit der markigen braut,

da tanzt ihr zum himmel hinein,

als dunst steigt ihr leicht in die luft.

nehmt nur euren judalohn,

nickneger, die kellerasseln fressen,

verlaust und verwanzt seid ihr,

blöde einfalt, tumbe seele,

während ihr nach dem groschen schielt.

dies das land der dichter und denker

-    dies das land der richter und henker,

großer dinge fähig,

doch unwahrscheinlich, dass ihr sie tut,

die geistigen ohne kraft,

die kräftigen ohne geist.

gebt euch rechenschaft ab:

auferstanden seid ihr aus ruinen,

soll an eurem wesen

wieder die welt genesen?

Euch mangelt die selbstironie

und muckt ihr mal auf,

gleich giert ihr nach den fleischtöpfen babels.

es ist der größte vorwurf an die deutschen:

„dass sie trotz ihrer intelligenz

und ihres mutes

immer die macht anhimmeln.“

(Zitat von Winston Churchill

III) E R O S

Voulez vous chouchez avec moi ?

Ma Belle Amie
Heute Princesse
Bin Ich Für Dich Da
Und Ganz Nah.
Danach
Mache Ich Ein Kreuzchen
Für Leporello.

SEXUS

Komm, süßer Schmerz, umtose mich,
Verzehre mich, umglose mich!
Ganz und gar verschenk ich mich,
In deiner heißen Höhle hause ich;
Durchfahr dein blondes Elfenhaar,
Biet meine Brunst dir fiebernd dar.
Die rehkitzene weiße Brust
Gilt mir sprühendste Liebeslust;
Peitsch dich mit tausend Ruten aus,
Verströme mich im Sturmgebraus.
Aus meine Venen zapf ich Wein,
Geb mich im Tod selbst mit darein!

Beauté

Der Duft deines Parfüms macht mich rasend,
Dass ich in dein Fleisch beißen möchte
Wie ein wilder Werwolf.

Die Wollust wallt das Blut,
Mich in deine Grotte zu graben
Mit meinem irdenen Spaten.

Deine Gerüche zu schmecken
Von Honig und Absinth
-   Bis in die Herzpforte.

Durchschütterndes Verlangen

Heiß verglüht mein Körper

       Spende Du Deinen kühlenden Atem

Kalt erschauert die Seele

       Wärme mich in kuschelnder Geborgenheit

Trocken verblassen die Lippen

       Befreie die Sinne im beglückenden Lachen

Stammelnd gebricht mir die Rede

       Verzeih die Begierde!

Anmerkung: Das Gedicht ist in zweierlei Weise lesbar: waagerecht in den Zeilen und senkrecht in den Spalten.

Aufforderung

Bitteres Schamhaar

Nasses, Schlüpfriges

Bot sich dir an

Komm

Nimm

Du willst doch

Presse nur Lippe auf Lippe

Rundroter Mund

Traumgrenze

Du Nachtschöne, Liebesnacht
Meine Luststille
Lautorchester töne hell
Singe die Lieder
Musiziere den Reigen
Dann
Als Tagschöne
Erwacht die Nachtliebe

Abschied

Als ich gestern zu Dir kam
Da war alles gesagt.

Vergebens erbat ich Stundung
Die kühlen Augen töteten die Zeit
In der Dein Mund unwillig sprach.

Einst glaubte ich von Dir geblendet
Dir sei ich bald vertraut
Die ferne Fremdheit Deiner Blicke
Verwies aus dem Haus.

Verzweifelt sahst Du mich das erste Mal
Verzweifelt dieses letzte,
Doch barg mich früher junge Hoffnung
Die mich mit Sehnen zu Dir führte,
Stehe ich jetzt mit beiden Beinen
Maßlos alt unter der Erde.

Du

Die welligen Strähnen deiner samtenen Würde

Die königinnenhafte Zierde deines festen Standes

Die versengende Glut deiner lichten Stirne

Der helle Glanz deiner weißen Schenkel

Der prächtige Purpur deines mondenen Mundes

Die fruchtbaren Winkel deines dunklen Mooses

Die blanken Äpfel deines schwellendenden Gartens

Die lockende Mitte deines gebärenden Omphalos

Du - ich bin Dein!

An Anke

Alabasterleib

Dir schenke ich meine Feier.

Singe das Glück, Apoll, meines dichterischen Herzens.

Schwebe wieder, auf und nieder,

Klingendes Saitenspiel meiner Wonne, meines Entzückens.

Und im trauten Blumenchor,

Grüß in Dir den schönsten Tag,

Grüß in Dir die Innigkeit,

Minne sei dazu bereit,

Kos' Dein Herz mit Schwärmerei,

Gott, der helf' uns auch dabei,

Dass erblühe, ja uns Zwei,

Der tausendjährige Rosenstrauch!

Erklärung

Mit leichter Tinte schreib ich aufs Papier:
„Anke, ich liebe Dich!"
Wär ich ein Vöglein, würd ich zu Dir eilen,
Doch leider bleibt es nur bei diesen Zeilen!
Doch diese Zeilen, sie sind unvergänglich,
Nimm sie zu Herzen Dir und schau sie an!
In diesem Schreiben liegt mein Dichterblut,
Überall, überall,
Nichts löscht dies aus!

Bist Du ein Engel, bist Du eine Nymphe?
Mein Herz wird wild;
Mit starker Hand entführ ich
Für Dich den Sirius
Und schreibe auf das Himmelszelt
Die ewige Flammenschrift
Vor lauter Schmerz und großem Seelenweh,
Dass lesen werden es die Nachgeborenen:
„Anke, ich liebe Dich!"

An Petra

Schließ mich in Dein Dunkel, rotes Hexchen!
Sag, wo ich Dein Zauberstab,
Mit dem Du mich versessen betörst?

Ich glaube an Wunder.
Woher bist gesandt
Du?
Sybille, Kassandra !

Wie ich Dich liebe
Mit verirrtem Herzen
Und apollinischer Frische!

Göttliche Geliebte,
Bin ich ein Narr oder Hanswurst?
Dir sing ich das helikonische Tedea
Mit Preisungen allerhöchsten Lobes
Geruhe Du nur
Mich zu verzehren!

Lodern wer ich sodann,
In goldenen Feuerzungen,
Wild wie der Fandango,
Den Arm um Dich legen,
Auf das wir hören die Hymne:
Nur Du

Nur Du und Ich
-   In erregender Weise!

An Petra II

Auf silbernen Schwingen der Liebe
Flieg ich zu Dir
Gleich dem weißen Täuberich.

Ich fass mir ein Herz
Und gesteh Dir:
Hab Dich zum Fressen gern
Bist süß wie sanfte Melodien!.

Leonardo sollte ein Bild von Dir malen
Mit Deinem enigmatischen Lächeln
Mit Lippen wie reife Mangos
Lippen, weich, rund und betörend,
Und deine schlanke Halbmondtaille.

Du bist mein Herzblättlein
Darauf steht tief eingeschrieben:
Du bist mir gut!
Denn ich bin ein Sohn des Phöbus
Versende meine giftigen Pfeile
Und versehre Dich!

Jetzt weiß ich:
Ti amo
Heißt nur:
Ich liebe, also bin ich!!

An Niña

Gemmengesicht, frisches erquickendes,

Erotinnen umspielen Dich, fächeln Dir Kühlung zu!

Zarte Glieder, süße Rundungen, sanftestes Beben.

Du trägst nicht das lange Haar der Nymphen

Kurzgeschorene Würde wie Ephebinnen.

Bin von Dir geblendet, ein Tor:

Denn Deine lichte Stirn bemeistert mich!

Lass mich den Zimmet Atem aus halbgeöffneten Munde kosten,

Lebendig brate ich sonst auf glühenden Kohlen:

Biete die Lippe, die beredt schweigt, ein Rubin;

Silberne Hügel des Mondes,

Knospen gleich karmesinenen Schösslingen,

Getarnt vom Schleier mädchenhafter Anmut

Gleite ich zu den Lenden

Weiter zum goldenen Delta Aphrodites:

Purpurner Wein der Firnis fließt dort

Mischt sich mit weißengelben Flüssen:

Schmaus zu neuem Leben,

Mein Augapfel

-   Süße Henkerin Du!

Phoenix

Vom Vogel Phoenix geht die Sage

Und ich , ich bin vom gleichen Schlage:

Verzehrt vom Eros und von Liebelei

Begeb mich gern für Dich in Sklaverei!

Doch möchte ich gern mit Pharao wetten,

Dass ich zerbreche Knechtesketten:

Dem Phoenix gleich ersteh ich aus der Asche,

Denn, Gott sei Dank, ich kenne Deine Masche!

An Ilka

Du bist wie eine Rose,
So voll und schön,
Wirst wie die Herbstzeitlose,
Selbst im Vergehn!

Trägst stolz und würdevoll
Dein braungelocktes Haar,
Ich fänd' es wundervoll,
Wär'n wir ein Paar.

Bedächte zärtlich Dich
Mit Seide und Satin,
Dass Du erkenntest mich,
Wie ich Dein eigen bin.

Von nun an sollst Du heißen
Diana, Artemis,
Die goldnen Köcher gleißen
In Deinem Tempelfries.

Ilkalied

Ja, durch Deinen Rosenmund
Wird allerwärts die Wahrheit kund,
Ob in Spitzchen oder Bra
Du betörst mich immerdar.

Bist kein Aphroditchen klein,
Sondern stets ein Mädchen fein,
Ilka, Ilka, Ilka, mein,
Könnt' ich immer bei Dir sein!

Nenne Dich auch Rosmarie
Wohnst in meinem Hause hie',
Dazu trägst Du braunes Haar,
Ich verzehr' mich ganz und gar.

Bist kein Aphroditchen klein,
Sondern stets ein Mädchen fein,
Ilka, Ilka, Ilka mein,
Könnt' ich immer bei Dir sein!

Ach, wann breche ich nur Dich,
Habe Angst ich steche Dich,
Doch ich bin die harte Rose,
Wart' ich komm' im Blitzgetose.

Bist kein Aphroditchen klein,

Sondern stets ein Mädchen fein,
Ilka, Ilka, Ilka mein,
Könnt' ich immer bei Dir sein!

Doch Du bist wie eine Spröde,
Komm und stell dich nicht so blöde,
Kurz und weiß ist nur der Mai
Juni ist bald auch vorbei.

Bist kein Aphroditchen klein,
Sondern stets ein Mädchen fein,
Ilka, Ilka, Ilka mein,
Könnt' ich immer bei Dir sein!

Bis zum goldenen Oktober
Wart' ich noch, dann ist Zinnober.
Woll'n wir unser Glück genießen
Muss auch Liebe in Dir sprießen,

Bist kein Aphroditchen klein,
Sondern stets ein Mädchen fein,
Ilka, Ilka, Ilka mein,
Könnt ich immer bei Dir sein!

Komm in meine Liebeslaube,
Ach, Du süße Turteltaube,
Turteln wir dann nur zu zwein
Sind es bald der Kinder drein!

Bist kein Aphroditchen klein,
Sondern stets ein Mädchen fein,
Ilka, Ilka, Ilka mein,

Könnt' ich immer bei Dir sein!

Nymphe und Leier

Wär ich eine Leier in deinen Händen,
Du Nymphe aus dem Wald,
Spieltest du mich gar bald,
Phoebus gib, das wir uns näher fänden.

Zu deinem Lobe erklängen meine Saiten,
Die zupftest du mit Geschmeidigkeit;
Du wärst die Einzige weit und breit,
Mit deinen Fingern würdest mich begleiten.

Aus meinem Bauche schallte der Klang
Hin über Feld und Flur;
Ich schwänge bald in Moll und bald in Dur,
Zu Deinem hellen strahlenden Gesang.

Komm, umfass nur meinen Rahmen,
Harte Schale, weicher Kern,
Mit tollem Herzen hab' ich dich so gern:
Komm und erweis' mir dein Erbarmen!

An Alexandra

Kennt ihr die Alex, die Alex?

Sie ist ein Supergirl

Trägt schwarzgelocktes Haar

Das duftet wunderbar.

Sie lächelt wie eine Zuckerfee

Ich sag nein zu allem Weh.

Auch wenn sie klein ist

Ist sie doch oho

Sie ist einfach schmunzelfroh.

Sie ist smart und sie ist schick

Ist mein pures Edelglück.

Gibt sich clever und parat

Ich schon lange auf Sie wart'.

Alexandra, Alexandra,

Darf ich sein Dein geliebter Salamander?

Freie Kunst und bindende Liebe

Ich möchte Deine weiße Schnalle lösen,
Die deine mond'ne Hüfte gürtet,
Ich möchte dein kund'ger Minnesänger sein,
Der Dir zum Lobe Lieder voll der Preisung kündet;
Ich möchte auch als Teppich dienen,
Auf dem Deine schmalen Füße ruhen.
Ach, wär ich doch die gold'ne Brosche,
Die dein warmes Herz ausschmückt,
Das tändelnd blaue Band,
Das Dein schwarzes Najadenhaar beglückt.

Doch bin ich nur ein Gaukler,
Mit den Bällen der Buchenstaben spielend;
Doch bin ich nur ein Hofnarr,
Mit den Schellen der Sprache klingend;
Ich bin ja nur ein witziger Kaskadeur,
Mit seinen Worten überfließend,
Der die Magie der Worte beschwört:
Suchend und Sehnend
- Wärst Du von mir betört!

IV) GEIST UND SOPHIA

Sei frei!

Könnte ich sein ein Federflaum im losen Wind
Eilte ich ohne Unterlass durch diese Erde,
Ein Albatros im Meergebraus vielleicht ich werde,
Durchspanne Ozean, wo Stunden Tage sind.

Wär ich doch nur ein Schmetterling im grasbezopfen Hang,
Morgens schon spürte ich den Tau auf zarten Flügeln
Und könnte unbeschwert nun schwirr'n auf grünen Hügeln,
Ein kleines Herz in meiner Brust, dann sänge Flora Dank.

Ein freier Geist mit freier Seel'; Liebe die
Ohnegleichen brächte glückliche Harmonie,
Dann Dunkelheit müsst' weichen.

Wär ich gesandt als heller Streif in fernste Ewigkeit,
Ermessen würde ich gewandt den Sinn von Raum und Zeit,
Als Sonnenstrahl in sternenlosen Reichen.

Frühlingsfeier

Wenn der Frühling das Land überhaucht
Wird die Natur wieder in Farbe getaucht,
Dann gilt es seine Glieder zu recken
Und eine Blume des Dankes zu wecken.

Aus dem Verließ der Städte wallt die bunte Menge
Hinaus in Blau des Freien mit Gedränge,
Erfreut sich an den liebevollen Orten
Und preiset sie mit schmückend Worten.

Zu Ostern geh'n wir nicht nur zur Kathedrale,
Die weite Welt wird uns zum Bildersaale,
Wir weilen voller Unschuld in diesen Garten Eden,
Der prangt mit Muße und Beschauung gleich für jeden.

Es ist Zeit

Die Blüten der Birken
Treiben aus den Knospen
Verändert Verjüngt
Aus welker Gestalt.

Wenn die Linde Honig blüht
Trotz Schloten
Die Eichenkronen sich verflechten
Dann ist Hoffnung für die Bäume

Lied des Empedokles

Salamander

Mit der Hitze Mächten lodert das Feuer,

Schenkt uns Speise, schenkt uns Leben,

In seiner Lohe die Lüfte sich verweben,

Es flackert, prasselt, zischet ungeheuer.

Undine

Das Wasser wogt, das Wasser wallt,

In schimmernd wilden Meeresfluten,

Den Meeresgrund kann man vermuten,

Über ihn hin des Schiffers Ruf erschallt.

Sylphe

Mit zarten Wehen säuselt die Luft

Und mal in ungeheurem Sturme,

Umsaust den mächtig festen Turme,

Sie fällt herab mit Brausen von der Kluft.

Kobold

Die Erde ist die Mutter aller,

Liegt da ganz still und starr,

Mit gleicher Krume immerdar,

Ihr Anblick kostet keinen Taler.

Reigen

So bilden vier Elemente die Welt,

Die sich im großen Kreise dreht,

Im blauen Kleide ihr sie seht,

Derweil sie steigt und fällt.

Mond und Meer

Herbstmond, der dort am Himmel thront

Weibliches Wesen

Spinnst romantische Geschichten

Die sich die Menschen zuhause erzählen

Wenn es dunkelt

Im Meer

Silberner Schatz

Geborgen bei Thetis.

Wer dich findet

Wird wohl

Der Mann im Mond.

Froschgesang

Wer sagt da: Frösche quaken.

Mitnichten!

Hast du noch nicht

Wenn es dunkelt

Und der Teich am Rande der Stadt

Still liegt

Frösche singen hören?

Mondscheinsonaten

Zu Ehren der Nacht

Tönen im Chor

Still liegt ...

Hymne an die GEIST

GEIST, du Schwester edler Funken,
Du beglückest Frau und Mann,
Wir sind ganz in dich versunken,
Kein Mensch dich ergründen kann.

Wenn du wickelst dich in Natur,
In der man dich findet,
Glänzt das Auge, lacht die Flur,

Du bist ganz im vollen Leben,
SOPHIA ist dein Name,
Nur du kannst wahre Hoffnung geben,
Erde ist dein Same.

Die vielen Sterne sind dein Kleid,
Die Liebe deine Blume,
Jenes gewebt zur Ewigkeit,
Diese zu deinem Ruhme.

Du stößst gewaltig an den Weltenlauf,
Durcheilest alle Zeiten,
Du hebst uns auf, hebst uns hinauf,
Willst nicht engen, sondern weiten.

Wir hören gerne die Musik der Sphären,
Des Alles euphonischen Klang,

Der die Gesetze will gebären,
Der ist aller Dinge Sang.

Der Mensch ist nicht nur eines Schatten Traum,
Er soll Sinn geben dem Leben,
Das transzendiert durch Zeit und Raum,
Es muss ein Jenseits geben.

So wollen wir heiter, nicht betrübt,
Das Schauspiel gut aufführen,
Und alles was das Leben gibt
Uns zum Kranze küren.

NON PLUS ULTRA

Das Leben windet sich in der Doppelhelix
Und so windet sich die Seele
Zu Helios empor.
Doch
Im Kosmos ist alles vereint
Großes und Kleines
Wenig und Viel
Null und Eins.
Alles ist Baustein
Scheint es auch zwergengleich.
Wächst so die Pflanze in ihrer Faser
Gleich ob sie winzig sei.
Hoch türmt sich
Meer auf Grund
Berg auf Land
Feuer auf Scheit
Atem auf Welt.
Du zitterst, Menschlein?
Der GEIST erhält
Dich, Mich, Uns, im Ein-Einen.

Morgenröte

Eos verkündet
Mensch erwache
Der Morgen ist da.

Wellen des Himmels
Verkünden den Tag
Durchatmet von Ariel.

Schleier-Impressionen
Monet
Malte nur den Abglanz.

So reiht sich Bild an Bildchen
Kunstvoll

Ein Augenblick.

Gehau

Ich hegen den Park der Sprache
Flaniere durch das Gehege der Worte
Lehne an die Welt der Bücher
Zu suchen die Eigentlichkeit..

Doch bade ich immer in Lügen
Verdammt ein *Man* zu sein
Schreibe ich auf vergilbtem Papier
Bis zur *Lichtung*

Wissen

Wer
Weiß was
Nur rege bleibt
Das Ding an sich
☺ Werden

Gewissen

Ich

Strebe nach

Den Tugenden des Eros

☺ Empor

Van Gogh

In Arles war ihm die Zeit zu lang,
Er sehnte sich nach Wonne,
Blumen in Vase malte er,
Symbol der güldnen Sonne.

Es sah der Pinsel sie knospig zart,
Mal welk und ganz zerzaust,
Das *Reine Gelb*, das suchte er,
Die Hand hat's ausgebraust.

So geht es zu auf dieser Welt,
Ein jeder macht Geschichten,
Doch nur wer malt im *Hellen Schein*,
Der kann in Farben dichten.

Stimmung in der Sommerdämmerung

Vergangen ist der Hitze Macht,

Die allbeglückende Sommerpracht,

Die Sonne spendet letzten Schein,

Sie blinzelt durch die Häuserreihn.

Wo einstens war des Tages Fülle,

Senkt sich herab metallne Hülle.

Der Regen sich dem Nachmittag verleiht,

Allein dem reinen weißen Licht geweiht.

Erlabend ist der rechte Bock,

Wenn man ihn trinkt in einen Schlock.

Gebt mir noch einen Trunk oder zwei,

Wo sitzen wir, der Freunde drei.

Es gibt nichts Seligeres zu denken,

In Sommerfülle sich versenken:

So preist den Tag und preist die Nacht

-    Und gebet auf die Leibe Acht!

Ich: eine Welle

Ich bin und ich bin nicht!

Ich besteh nicht in der Zeit, doch blick ich auf mich zurücke:

Ich lebe mein Leben in wachsenden Wellen,

Doch bin ich auf dem Ozean des Lebens nur eine Welle, bin ein Ring

Geworfen von dem GEIST, der mich erhält,

Der mich speist; doch bin ich selber Geist,

Bekleidet mit einem Leib, der mir oft schafft Verdruss,

- doch ist der Leib kein Grab der Seele,

Weil er auch Freuden bringt und Lebenslust.

So leb ich gern, nehm Anteil an den Freunden,

Verzeih dem Feinde, und strebe unverwandt

Mit meinem Willen mich zu weiten,

Damit ich eins werde mit dem Horizont

- Auch wenn er fern ist, ist er doch zu ahnden,

Ich sehne mich, ihm mich zu nähern – die Todesstunde

Wird sein, wo sich küssen Himmel und Meer.

Wir fanden einen Pfad

Im Anfang war alles Nacht

In mir war es wüst und leer

Der Uroboros gähnte

Da sprach ich:

„Es werde Licht!"

Und mir ward Licht

Durch die GEIST

Mit der ich mich begattete

Und Kinder zeugte

Der Poesie, des Klanges.

Da schied sich das Licht von der Finsternis

Und mir ward Tag:

SOPHIA schwebte über den Wassern

Ich, eine Welle in dem Meer

Wartend, dass sie mich küsste.

Der Musenkuss versengte mein Herz

Brannte sein Siegel ein

Dass sengt wie tausend Schwären.

Gewappnet nun

Mit dem singenden Schild

Fand ich einen Pfad.

Herstellung und Verlag:
Books on Demand GmbH, Norderstedt
ISBN 978-3-8370-0986-6